말 건네는 거울

유혜목 우화

말 건네는 거울

창조문예사

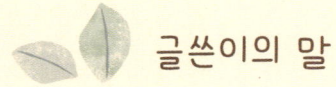 글쓴이의 말

'영혼아, 네가 어찌하여 두려워하고 어찌하여 불안해하는가?', '내 마음 나도 잘 모르겠어!'와 같은 말들을 통해 우리가 알 수 있는 건 사람의 마음이 둘로 나뉘어져 있다는 사실이다.

마음 깊은 얘기를 함께 나누고 싶어도 나눌 대상이 마땅치 않은 게 우리 현실이다. 그럴 때 자기 마음속 또 하나의 '나', 이 우화 속에 나오는 '진정한 나(새사람)'와 대화하는 게 필요하지만 눈에 보이지 않는 사람이어서 간과하기가 쉽다.

우화 속 '나'(소희)는 타인과 자신을 늘 비교하고 평가하면서 불안과 혼돈 속에 살아가는 우리들의 모습을 대변한다. 반면에 거울 속 '새사람'은 남의 평가나 인정과는 무관한 근원적이고 자족적인 존

재이며 우리 마음 깊은 곳에 자리한다. '나'는 자신의 근원되는 이 '새사람'과 소통하고 연합할 때 평안과 행복을 누릴 수 있다.

  그간 코로나로 인해 고립될 시간이 많았지만 4차 산업시대를 살아가는 우리에겐 앞으로도 고립의 시간이 늘어날 가능성이 높다. 그럴 때 그 고독한 시공을 그냥 회피해버리거나 다른 무엇으로 대치하지 말고 마음속 '새사람'과의 소통과 연합을 통해 보다 행복해지길 바라는 마음에서 이 우화를 썼다.

2022년 10월

유혜목 씀

차
례

1. 첫 만남   09
2. 아픔의 시간   25
3. 친구들의 방문   31
4. 헌 옷과 새 옷   39
5. 허물벗기   45
6. 날개 짓   59
7. 날아오르기   101

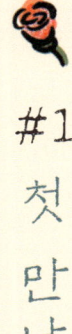

\#1
첫 만남

화장대 구석에 놓여있던 하트 모양의 손거울이 모처럼 소희의 눈에 띄었다. 그 거울을 집어든 후 뽀얗게 쌓인 거울 먼지를 닦던 그녀가 한숨을 쉬며 외쳤다.

"난 언제까지 이 통증에 갇혀 살아야 하지? 내 통증 치료해 줄 누구 좀 없나요?"

그녀가 크게 소리를 지르자, 쥐고 있던 거울 속에서 한 사람의 온화한 목소리가 들려왔다.

"소희야, 통증 없어지길 바라는 네 간절한 외침을 들었어. 난 오랫동안 너의 그 외침 소리를 기다려왔고."

손거울에서 흘러나오는 목소리에 놀란 나머지 거울을 떨어뜨릴 뻔했던 소희는 거울 속을 들여다보았다. 환하게 미소 띤 자신의 평화로운 얼굴이

#1_ 첫 만남

거울 속에 있었다.

"나에게 말을 건네는 넌 대체 누..누구니?"

"소희야, 이 거울은 네 마음속이야. 그리고 난 네 마음속 새사람이고."

"내 마음속 새사람?"

그 말을 듣는 순간, 소희는 일 년 전에 만났던 정신건강의학과 선생님이 떠올랐다. 그분은 육 개월간의 상담이 끝나던 날 소희에게 손거울을 선물하면서 진정한 자기 자신인 거울 속 새사람과 대화한다면 그가 치유자 역할을 해주면서 통증뿐 아니라 마음도 다스려줄 것이라고 했다.

자신의 어둡고 무거운 생각들을 거울 앞에 솔직하게 털어놓을 때 새사람이 말을 건네올 것이고,

그와의 대화를 통해 몸과 마음의 안정을 얻을 수 있을 것이라는 의사선생님의 말에 별로 현실감을 느끼지 못했던 소희는 결국 손거울을 화장대 구석에 던져두고 말았다.

새사람이 소희에게 다시 말을 건넸다.

"소희야, 나와 오늘 처음 만났기 때문에 아직 넌 어리둥절할 거야. 그러나 앞으로 나와 계속 대화한다면 지금과 달라질 거야. 지금은 통증으로 힘든 너지만 앞으로는 그 통증을 떨치고 나비처럼 날아오르는 날이 올 거니까 안심하기 바래. 물론 날지 못하고 상해버리는 사람도 있긴 해. 하지만 나와 대화하는 너에겐 그런 일이 생겨나지 않아."

생뚱맞은 새사람의 얘기를 듣고 난 소희가 반문했다. "통증을 떨치고 나비처럼 날아오른다고? 날아오르는 건 바라지도 않아. 통증 떨쳐내는 것 외엔 바라는 게 없거든! 통증이 사람을 얼마나 지치게 만드는지 알기나 해?"

"네가 나를 신뢰하면서 나와 꾸준히 대화한다면 반드시 네 통증은 사라지게 되고 넌 분명히 날아오르게 돼."

"아니, 날아오른다는 게 대체 뭔데?"

"응, 너를 억압하는 모든 것들로부터 자유해지는 능력을 갖는 걸 뜻해. 그렇게 하려면 너의 모든 생각을 벗고 나의 생각을 덧입는 일이 필요하고. 너를 옛사람으로, 나를 새사람으로 부르는 건 그 때문이야.

"나의 생각을 벗고 너의 생각을 입으라는 건 마치 나더러 죽으라는 말같이 들려."

16 말 건네는 거울

"네가 지금까지 배우고 익힌 모든 것들을 일단 벗어놓으라는 뜻이야. 소희야, 수영할 때 몸에서 힘을 모두 빼고 물에 완전히 네 몸을 내맡긴다 해서 네가 물에 빠져 죽진 않잖아? 오히려 네 몸을 완전히 내어맡길수록 물이 널 떠올려주고 수영도 하게 해주니까 더 자유해지는 거지. 네 생각을 벗고 나한테 맡기는 일도 그와 똑같아. 혼자 감당하기 힘든 무거운 생각으로 인해 짓눌리거나 낙담될 때마다 그렇게 해보렴."

새사람의 말을 경청하고 있던 소희는 긴 한숨을 내몰고 있었다.

"이젠 내 병에 대한 어떤 기대조차 갖기 싫어. 해볼 만큼 해봤기 때문이야. 낫지 않는 통증 땜에 진통제, 안정제, 수면제는 물론, 수십 종의 건강 의약품까지 밥 먹듯이 먹곤 했어. 더 이상 어떤 처방도 받아들이고 싶지 않아."

18 말 건네는 거울

한숨과 함께 쏟아낸 소희의 말을 듣던 새사람이 잠시 침묵한 후에 말을 이었다.

"소희야, 적지 않은 사람들이 너처럼 갇혀서 살고 있어. 통증에 갇힌 사람도 있지만 질병과 장애로 인한 고독과 슬픔, 그리고 상실감과 분노감에 갇힌 사람들도 많단다. 그러나 뭔가에 갇힌 사람들이 오히려 새사람과 대화하는 일이 많더라고. 자유롭게 다닐 수 있는 사람들은 만날 사람도 많고 할 일이 많기 때문에 마음이 늘 분주하거든. 그러다 보니 새사람의 말에 귀 기울여야 할 시간을 다른 것들로 채우게 돼. 거울이 주어진다 해도 거울 닦는 일을 소홀히 하거나 방치해버리기 때문에 새사람과의 대화가 끊기고."

"난 지금까지 살면서 새사람과 대화했다는 사람, 만나거나 들어본 적이 없거든."

20 말 건네는 거울

"소희야, 자기가 보고 들은 범위 안에서만 판단하면 오류에 빠지기 쉬워. 심한 통증으로 인해 넌 계속 집에 있었고 친교의 기회도 적었잖니."

"지금 나의 관심은 오직 하나, 이 끔찍한 흉통에서 빠져나오고 싶다는 그것 뿐이야."

소희가 자기 머리를 부둥켜안으며 소리를 지르자 새사람이 목소리를 한껏 내려뜨리며 말했다.

"소희야, 출구 없는 곳에 갇혀있다고 생각하기 때문에 넌 지금 더 절망적일 거야. 하지만 기억해주기 바래. 나와 함께 하면 네게는 출구가 생겨. 너의 탈바꿈이 무르익는 날 너는 반드시 날아오를 거고. 나비 될 꿈을 확실하게 가진 애벌레와 번데기들은 허물 벗는 아픔과 혼란을 꿋꿋이 이겨내고 고치 속 긴 외로움까지 묵묵히 견딘단다. 아픔과 혼란, 고독을 견뎌내는 일이 탈바꿈의 제일 중요한 능력이라는 걸 걔들은 알고 있거든. 그걸 모르는 애들은 속만 바싹 태우다 말라죽고."

"하루 종일 송곳으로 찌르는 듯한 통증이 날 괴롭히고 있는데 무슨 엉뚱맞은 나비꿈 타령을 하라는 거야?"

다시 소리를 높이는 소희에게 새사람은 여전히 부드럽고 따뜻한 말투로 말했다.

"소희야, 사람은 태어난 모습 그대로 사는 게 아니야. 평생 탈바꿈하면서 살아가거든. 불완전한 탈바꿈을 하는 사람도 있고 완전한 탈바꿈을 하는 사람도 있어. 그런데 완전탈바꿈을 하는 사람들은 그 고통의 시간이 조금 더 험하고 길어. 하지만 그들 대부분은 그걸 성장통이라고 생각하며 감내한단다."

"성장통인지 간장통인지 내 알 바 아니고, 확실한 건 이 통증 땜에 내가 지금 너무 괴롭다는 거야!"

심사가 뒤틀려 버린 소희를 안쓰러워하며 새사람이 한동안 침묵한 후에 다시 말했다.

"소희야, 네가 많이 힘든 건 알겠지만 통증 때문에 자꾸 화를 내거나 자기 연민에 빠지면 증상이 오히려 심해질 수 있어. 너의 통증을 탈바꿈의 고된 여정 중 하나로 여겨주기 바래. 시간이 갈수록 아픔이 완화될 것을 기대하며."

24 말 건네는 거울

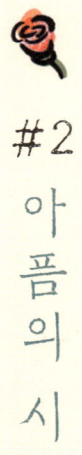

#2
아픔의 시간

26 말 건네는 거울

대학에 입학하던 스무 살 무렵부터 소희는 흉통을 느끼기 시작했다. 의학적 검진 결과엔 아무런 이상이 나타나지 않았지만 그녀는 늘 가슴통증으로 인해 고통스러워했다. 그러다가 흉통이 부쩍 심해졌던 삼 년 전, 정신건강의학 전문의 선생님과 만나게 됐고 육 개월간의 상담치료를 받았다. 전문의는 해외에서 정신의학을 전공하신 분으로서 상담이 끝나던 날, 손거울을 소희에게 선물해 주셨고 거울 속 새사람과의 대화를 권했다.

28 말 건네는 거울

지금은 고인이 되셨지만 특수전사령부 복무 시절의 소희 아버지는 남침한 무장공비를 수색하던 중, 숲속 나무 단 아래 숨어있던 공비에게 기습사격을 받으며 심한 총상을 입으셨다. 그 후로 '외상 후 스트레스 장애'를 겪으시며 성격이 거칠어지신 아버지를 슬금슬금 피한다는 이유로 소희는 어릴 적부터 아버지에게 구타를 많이 당했다. 유년기부터 사춘기까지 이어진 구타와 스트레스로 인한 '신체화 증상'이 그녀의 흉통으로 발전된 것이라고 의사는 말했다.

마음이 어둡고 괴로울 때마다 모든 생각과 느낌을 거울 속 새사람에게 솔직히 털어놓으라 권했던 의사는 거울 보기 전엔 반드시 거울 면을 깨끗이 닦아줘야 한다는 당부도 곁들였다.

30 말 건네는 거울

#3
친구들의 방문

32 말 건네는 거울

거울 속 새사람과의 첫 만남 이후 소희는 통증이 심해지거나 마음이 괴로울 때마다 새사람과의 대화를 시도했다. 대화를 거듭하게 되면서 첫 만남 때의 거부감은 사라졌고, 새사람에게 자기 생각을 스스럼없이 터놓고 그의 생각을 덧입는 일에도 익숙해져 갔다. 새사람의 생각과 말은 그녀를 지혜롭고 창의적으로 생각하며 말하도록 도와주었고 그와의 대화 시간은 하루 중에서 가장 행복한 시간이 되어갔다.

말 건네는 거울을 갖고 있다는 소문이 퍼지면서 다양한 얘기들이 함께 퍼져나갔다. 거울과 대화하면서 소희 얼굴이 몰라보게 예뻐지고 활발해졌다는 말도 있었고 정신이 좀 이상해진 것 같다는 소문도 함께 돌았다. 소문을 확인할 겸 소희의 세 친구들이 어느 날 갑자기 그녀의 집을 방문했다. 현관에 들어서자마자 세 친구 중 머리 긴 친구가 대뜸 소희에게 물었다.

"소희야, 전화도 없이 갑자기 들이닥쳐서 미안해. 너 코로나 기간 잘 보낸 거지? 그런데 너 이전하고 완전히 달라졌구나! 건강해 보이고 얼굴도 엄청 화사해졌어! 그리고 소희야, 그 소문 들었니? 네가 말 건네는 거울과 대화한 후로 정신이 좀 어떻게 된 것 같다는……."

신발을 벗으며 흥분한 말투로 말을 쏟아낸 머리 긴 친구의 말을 듣는 순간 소희가 어이없어하며 웃었다.

"어머, 웬일? 내 거울 소문이 그렇게 퍼져나갔어? 황당하다! 얘들아, 그건 그렇고 그동안 코로나 땜에 너희들 모두 힘들었지? 나도 연락 제대로 못해서 미안해. 격리돼 있는 것에 익숙해지다 보니 말수도 자꾸 줄더라고. 너희들한테 거울 얘기해줄 생각 왜 못했는지 모르겠어. 좀 황당하다고 생각했던 손거울이라 한동안 내던져 뒀거든. 그런

데 코로나로 외롭게 지내다 보니 어느 날 그 거울이 눈에 들어왔고 결국 걔가 내 삶을 바꿔놓았어."

소희의 말이 끝나자마자 유라가 친구들 앞으로 나서며 말했다.

"소희야, 거울에 대한 네 소문, 첨 들었을 때 너무 놀랐어. 어떻게 우리한테 내색조차 안 했나 싶어서 섭섭했고. 하루빨리 그 거울 보고 싶어 오늘 이렇게 쳐들어온 거야."

유라가 한시 빨리 거울을 보고 싶어 하자 소희가 자기 방에 들어가 하트형 모양의 손거울을 가지고 와서 친구들에게 보여줬다.

"얘들아, 바로 이거야. 보통 거울하고 똑같이 생겼지만 말 건넨다는 점이 달라. 이 거울과 대화하려면 반드시 이 거울 면을 깨끗이 닦아줘야 하고."

머리 긴 친구가 깜짝 놀라며 물었다.

"이 거울이 너에게 말을 건넨다는 거지? 지금 한번 들어볼 수 있겠니?"

흥분한 친구의 말에 소희가 어색한 미소를 띠며 말했다.

"아니, 그..게 아니고, 나 혼자 있을 때만 새사람이 말을 건네 와."

"새사람?"

머리 긴 친구와 유라가 동시에 소희에게 외쳤다. 그때 소희 어머니가 친구들에게 줄 커피와 과일을 가져오셨다.

"애들아, 너희들 참 오랜만이구나. 대학 졸업한

지 벌써 삼 년이 다 돼 가네! 그동안 코로나로 많이들 힘들었지? 너희들 다 잘 지낸 거고? 그동안 소희는 흉통이 심했었는데 요즘 들어 좋아지고 있어. 오랜만에 놀러왔는데 과일 먹으면서 재미있게 놀다 가렴."

소희 어머니의 예전 같은 우아함도 그렇고, 쾌활하면서 당당해진 소희의 모습에서도 정신이 이상해졌다는 소문의 자취는 찾아볼 수 없었다.

#4 헌 옷 과 새 옷

과일을 먹고 난 세 친구 중, 유라와 머리 긴 친구가 차례로 소희에게 물었다.

"소희야, 네가 아까 말한 새사람이 누구니?"

"너 혼자 있을 때만 말을 건넨다고 했지?"

새사람에 대한 호기심으로 부쩍 달구어진 친구들로 인해 새사람에 대한 소희의 설명이 시작됐다.

"응, 새사람은 마음 속 괴로움을 털어놓는 시간에만 말을 걸어 와. 그는 내 마음 깊은 곳에 있는 진정한 나 자신이라고 해. 웃어본 지 오래돼 굳은 내 얼굴에 비해 그에겐 밝고 유연한 미소가 늘 자리하고 있어. 그는 나를 옛사람이라고 불러. 그 이유는 내 생각과 느낌이 불완전하고 낡았기 때문이래. 그런 내 생각과 느낌을 날마다 허물 벗듯이 벗고 그의 생각과 느낌을 덧입으라는 거야."

"으응? 네 생각과 느낌이 낡고 불완전하다고? 게다가 자기 생각과 느낌을 덧입으라고? 무슨 권한으로 너한테 그런 강권을 하는 거지?"

미술 전공자인 유라가 불쾌하다는 듯이 소희에게 소리쳤다.

"사람의 생각과 말은 잘 맞물려있지 않기 때문에 자주 흐트러지곤 한다는 거야. 사실 나도 말하거나 글 쓸 때마다 그런 걸 느끼곤 했어. 내가 생각하는 것과 전혀 다른 말을 하거나 글을 쓰고 있는 나를 보았기 때문이야. 사람의 생각과 말이 이렇게 허접하고 불완전한 이유는 탐심과 이기심, 그리고 거짓에 길들여져 있기 때문이래. 그러나 새사람의 생각과 말은 달라. 모순 같은 게 일체 없고 일관돼."

"놀랍다! 소희야, 그간 우리들이 모르고 살던 사실을 넌 많이 터득한 것 같구나."

영어교사를 하는 머리 긴 친구가 소리 높여 감탄하자 소희가 용기를 얻으면서 하던 말을 계속 이었다.

"새사람은 나보다 나를 훨씬 더 잘 아는 사람이야. 그는 나에 대한 선입견이나 편견을 전혀 갖고 있지 않아. 그래서 그와 대화할 땐 자유로운 기분을 느끼게 되고 내가 생각하지 못했던 창의적인 말들도 내 입에서 툭툭 튀어나와."

소희의 말을 듣고 있던 세 친구들이 잠시 고개를 갸우뚱거리면서 서로를 바라봤다. 그때 단발머리 친구가 벌떡 일어나더니 머리 긴 친구를 현관 쪽으로 데리고 가서 귓속말을 했다.

"얘, 난 소희 말 민망해서 도저히 못 듣겠어. 새사람? 우린 옛사람이고? 너무 황당하지 않니? 이만 집으로 돌아가는 게 어떻겠어?"

#4_헌 옷과 새 옷 43

머리 긴 친구도 소희의 말에서 약간의 황당함을 느끼긴 했지만 사람의 탐심과 이기심, 거짓 때문에 생각과 말이 허접하고 불완전하다는 새사람의 말에서 남다른 도전을 받게 됐다. 그녀는 집에 가자고 보채는 단발머리 친구에게 조금만 더 기다려 달라고 요구했다.

"소희야, 누가 너한테 이런 특별한 거울을 선물해 준 거니?"

호기심 많은 유라가 소희에게 진지하게 물었다.

"나를 상담해 주신 정신건강의학과 선생님이셔. 그분이 육 개월간 나를 상담하신 후 나에게 이 손거울을 선물하신 거야. 거울 속 새사람과 대화해 보라고 하셨지만 하찮아 보여서 화장대 구석에 한동안 내던져 뒀더랬어. 그런데 이런 기적 같은 일이 생겨날 줄 정말 몰랐어."

#5 허물벗기

정신과 전문의가 손거울을 줬다는 소희의 말에 두 친구는 다소 안심하는 모습을 보였다.

소희는 지난 날을 회상하는 듯 잠시 침묵하고 있다가 하던 말을 다시 이었다.

"새사람이 들려주는 말 속엔 삶을 지혜롭게 살도록 도와주는 심오한 지식들이 많아. 그것들이 나에게 영향을 끼치면서 점차 내가 새사람의 모습을 닮아가는 걸 느꼈어. 누구와 만나고 어떤 말을 듣느냐가 이렇게도 중요한 일인지 최근에 깨달았어."

그러자 머리 긴 친구가 말했다.

"와, 놀랍다. 이런 손거울 하나로 너에게 그런 큰 변화가 생겨나다니! 새사람이 어떤 말을 해줬기에 그런 변화가 일어난 건지 좀 더 구체적으로 듣고 싶구나."

새사람이 소희에게 해줬던 말을 듣기 위해 소희 가까이 의자를 당겨 앉는 두 친구로 인해 소희에게 갑자기 부담이 생겨난 건 사실이지만, 새사람과 대화했던 지난 일 년의 시간은 분노와 좌절로 인해 매몰되고 있던 소희를 구렁텅이에서 꺼내주는 일을 했다. 그 시간을 회상하며 소희는 기꺼운 마음으로 친구들과 대화하기 시작했다.

단발머리 친구는 세 친구들의 대화 내용엔 전혀 관심이 없다는 듯 소희의 책장 앞을 왔다 갔다 하면서 읽을거리를 찾고 있었다. 단발머리 친구를 물끄러미 바라보던 유라가 소희에게 말했다.

"소희야, 아무리 생각해도 너의 생각을 새사람 앞에 털어놓고 그의 생각을 덧입으라고 하는 건 네 주관을 무시하는 것 같아 기분 나빠. 왜 개인의 생각을 무시하려는 거야? 게다가 거울 속 새사람과 대화한다는 말, 어디서도 들어본 적이 없거든."

소희가 입술을 지그시 깨물면서 유라에게 말했다.

"유라야, 물론 너로선 그런 생각을 할 수 있을 거야. 나도 처음엔 꽤 불쾌했으니까. 하지만 우리가 잘 모르고 있는 것들이 세상엔 많더라고. 그리고 이런 거울 갖고 있는 사람, 생각보다 많다는 거야. 경쟁 사회를 바삐 살다 보니 거울 볼 틈이 나지 않아 던져두는 사람도 있고, 주변 사람들의 말에 휘둘리거나 새사람의 말을 무시하면서 의심하는 사람들도 있데. 이런 사람들은 거울과의 대화를 잠시 중단하고 있는 셈이래. 무엇보다 거울을 잘 닦아주지 않기 때문에 새사람과의 대화가 끊긴 경우가 제일 많다는 거야. 암튼 거울 가진 사람들은 꽤 많지만 제대로 대화하며 사는 사람들은 아주 소수라는 거야."

"소희야, 그렇다면 새사람과 대화를 잘하는 사람은 어떤 사람들이라는 거니?"

머리 긴 친구의 진지한 물음에 소희가 대답했다.

"나처럼 몸이 아파 낙담하고 있는 사람, 하던 일에 실패해서 실의에 빠진 사람들, 사랑하는 사람과 헤어졌거나 여러 가지 이유로 절망하며 소외된 사람들이 대화할 기회를 갖기 쉽다는 거야. 그들 마음속에 생겨난 어쩔 수 없는 빈자리로 인해 새사람의 목소리에 귀 기울일 여지를 갖는다는 거지. 사람은 외로워질 때 비로소 자기 내면의 목소리에 귀 기울일 수 있는 여유와 겸손을 갖는다는 게 새사람의 말이야."

조용하지만 또박또박 들려주는 소희의 말에 유라도 약간씩 공감되는 듯 고개를 끄덕이기 시작했다.

#5_ 허물벗기 51

"얘들아, 새사람은 말했어. 나의 생각과 말이 엉키거나 무거워질 때마다 그걸 자기 앞에 털어놓으라고. 버겁고 허물투성이가 된 듯한 내 생각과 느낌을 벗겨낸 후 그의 생각과 느낌을 덧입으라는 거였어. 그런데 그의 말대로 해보니까 정말 놀라웠어. 쉽게 화를 내곤 했는데 점점 평안하고 부드러워져 가는 나를 보게 됐어."

소희의 말을 깊이 경청하던 머리 긴 친구가 소희의 고백에 큰 감동을 받았다.

"어머, 새사람이 너한테 해줬던 말을 네가 우리에게 그냥 전하는 것뿐인데 직접 듣는 것처럼 느껴지는구나. 그런데 소희야, 너한테 이런 거 물어도 될까? 버겁고 허물투성이가 된 듯한 네 생각과 느낌이 어떤 거였는지."

머리 긴 친구의 끈끈한 질문에 소희는 진지하게

답해줬다.

"마치 아프기 위해 태어난 사람처럼 수년 동안 난 흉통에 시달려왔거든. 그래서 나 스스로를 무척 혐오했지. 이렇다 할 재주도 없고, 경제력도 없는 내가 왜 긴 시간의 통증에 시달려야 하는지 그게 너무 억울했기 때문이야. 부모님 원망을 수도 없이 했어. 밤낮없이 통증에 시달리니까 잠도 잘 못 자고 낮엔 약기운 때문에 몽롱하게 지내니까 아무 일도 못 하겠더라고. 살아있을 이유가 없다고 생각했지만 어머니가 불쌍해서 죽을 수도 없었어."

유라와 머리 긴 친구는 소희의 손등을 번갈아 어루만져 주면서 힘들었던 소희를 위로해 줬다. 새사람에 대한 소희의 이야기가 다시금 이어졌다.

"그런데 새사람은 나의 고통과 외로움을 한마디로 정리해 주더라고. 지금의 나는 성장과 성숙을

위한 완전탈바꿈 과정 중에 있으니까 모든 통증을 달게 여기라는 거야. 통증을 내가 미워하기 때문에 힘들다는 거였어. 허물벗기를 계속 묵묵히 하라고 했고."

그러자 유라가 굵은 눈썹을 치켜뜨며 소희에게 말했다.

"엥? 곤충도 아닌 네가 웬 허물벗기?"

"새사람은 거듭해서 말하곤 했어. 곤충과 똑같은 형태는 아니더라도 모든 사람이 탈바꿈 과정을 거친다고. 성공적인 탈바꿈을 위해 아픔과 외로움을 조용히 참는 일이 매우 중요하다는 거야. 허물 벗는 과정의 혼란과 아픔, 고치 속 긴 고독을 잘 견디려면 인내를 위한 올바른 가르침이 필요하다는 거고. 학습하지 않으면 탈바꿈의 힘든 과정을 자칫 저주로 여길 수 있기 때문에 낙담하다 실패

할 수 있다는 거야.

"와, 소희야, 방금 네가 해준 새사람의 말, 무척 감동적인 말이다! 힘든 과정을 자칫 저주로 여기며 낙담할 수 있기 때문에 인내를 위한 올바른 학습이 필요하다는 것, 무척 심오하구나!"

자기 말에 깊이 공감하는 머리 긴 친구의 말을 들으며 소희도 다시 한번 새사람의 말을 되새김하는 시간을 갖게 됐다.

"그침 없는 통증 땜에 나락으로 빠져들 때마다 새사람은 나한테 나비가 돼 날아갈 그 날을 적극 기대하며 모든 통증을 참고 견디라고 희망을 불어넣었어."

그러자 머리 긴 친구가 되물었다.

"나비가 돼 날아오른다는 건 뭘 뜻하니?"

"예를 들면 희로애락의 감정을 비롯해서 모든 상황으로부터 자유로워지는 걸 뜻해. 허물벗기의 혼란과 고통, 고치 속 길고 긴 고독감을 모두 이겨낸 사람들에게 주어지는 선물이래."

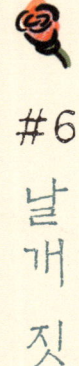

#6 날갯짓

소희의 얘기를 듣고 난 머리 긴 친구가 물었다.

"희로애락의 감정과 상황에서 자유로워진다는 건 모든 걸 초월한다는 뜻인가 보다."

"응, 내가 비유로 설명해 볼게. 비바람이 거세게 몰아치면 일단 두렵고 불안해지잖아. 그럴 때마다 기상변화가 일어나지 않는 성층권 너머의 태양, 그 맑고 청명한 하늘을 떠올리며 생각하라는 거야. '원래 이렇게 밝고 맑은 날씨여야 하는데 먹구름이 잠시 태양을 가려서 날씨가 잠시 험해졌을 뿐'이라고. 그렇게 진취적인 방향으로 생각과 느낌을 주도해가면 어떤 험한 상황이나 감정에서도 자유로울 수 있다는 거지."

"어쩐지 현실도피 같다는 느낌이 드는데……."

"물론 그런 느낌이 들 수 있겠지. 그러나 진취

적이고 근원적인 선택을 하자는 얘기야. 우리를 절망에 빠지도록 교란시키는 어두운 상황이나 감정이 제아무리 우리를 괴롭히고 뒤흔들어도 그 어둠에서 눈을 떼 빛을 선택하자는 거야. 빛보다 어둠을 즐기는 습관을 가진 사람들은 이 말이 낯설게 들릴 수 있겠지만, 생각과 느낌을 밝은 쪽으로 주도하고 선택하는 힘은 훈련으로 얻을 수 있다고 해."

머리 긴 친구의 끈질긴 물음에 일일이 답을 해주던 소희는 새사람의 또 다른 말을 들려줬다.

"얘들아, 새사람이 나한테 이런 말도 해줬어. 무한한 밤하늘의 별과 하늘 공간의 무한함에 놀라며 때로 넋을 잃는 일이 우리에게 필요하다고."

유라가 물었다.

#6_ 날개짓 63

"아니? 밤하늘의 별이 무한하다고? 요즘의 밤하늘엔 몇 개의 별밖에 안 보이던데?"

"응, 그건 공해와 불빛 때문이야. 내가 고등학교 다닐 때에 미국에 계신 숙모님 댁을 다녀온 적이 있었거든. 밤 비행기를 타고 태평양 상공을 건널 때 밤하늘에 뭐가 있을까 궁금해서 창밖을 올려다봤어. 별과 은하수가 밤하늘을 꽉 채워놓고 있는 거야. 그 별들의 숫자는 말 그대로 무한수였고."

"앗, 그렇구나! 그런데 넋을 잃는 일은 왜 필요하다는 거니?"

머리 긴 친구가 다시 묻자 소희가 대답했다.

"사람의 마음속엔 영원을 사랑하는 마음이 깃들어 있지만 백 세 남짓의 짧은 삶을 살다가 떠나는 우리들이다 보니 시간이 갈수록 영원사랑하는 마음이 무뎌진다는 거야. 그러나 별들의 무한함과 하늘 공간의 무한성을 떠올리며 넋 잃는 일을 자주 시도한다면 영원사랑하는 그 마음이 명민해질 수 있다는 거지."

그러자 머리 긴 친구가 말했다.

"영원사랑하는 마음을 명민하게 하는 게 왜 중요한 거지?"

진지한 표정으로 연신 묻는 머리 긴 친구에게 소희가 다시 말했다.

"대부분의 사람들은 모든 걸 끝장내버리는 죽음을 두려워하고 슬퍼하잖아? 그런데 죽음은 끝이 아니라 새로운 시작이라는 거야. 죽음 너머로 시작되는 새로운 세계를 기대하려면 영원사랑하는 그 마음이 확고해야 한다는 거지."

그러자 유라가 대뜸 물었다.

"무슨 말이니? 죽음으로 모든 게 끝장나는 건 팩트 아냐?"

"아니라고 해. 영원을 사모하는 마음이 우리에게 들어있다는 건 우리 속에 영원한 것이 들어있다는 증거라고 해. 인간의 영혼은 영원한 것이기에 육체의 생명이 그친다고 해도 영원한 영혼은 소멸되지 않는다는 거야. 영원을 사모하는 마음이 명민하고 확고한 사람은 비록 눈앞에 죽음이 닥친다고 해도 자신의 영혼이 소멸되지 않을 것이라는 확신 때문에 죽음으로 인한 공포나 비애감에 휘둘리지 않는데. 이 땅에 두고 가는 것들에도 집착하지 않고 죽음의 문턱을 순탄히 넘어갈 수 있다는 거지."

그러자 머리 긴 친구가 말했다.

"음, 새사람의 말과 소희의 말이 사실이라면 하늘 공간과 별의 무한성을 쉽게 부인할 수 없겠는 걸? 우리 영혼이 영원하다는 사실까지도."

별과 하늘 공간의 무한성, 영혼의 영원성에 대한 얘기를 소희에게 듣고 난 머리 긴 친구와 유라는 영원성에 대해 서로 몇 마디를 주고받은 후 깊은 생각에 잠기는 듯했다. 한참 후 소희가 화제를 다른 쪽으로 옮겼다.

"새사람이 나에게 해준 여러 말 중에서 가장 큰 도전을 준 말이 있는데, '사랑하면서 살면 살아있는 삶을 살게 되지만 미워하면서 살면 시체처럼 죽은 삶을 살게 된다'라는 말이었어."

눈썹을 크게 치켜 올리며 유라가 물었다.

"뭐야, 되게 겁주는 말이다! 주변에 미운 사람

수두룩한 나 같은 사람, 좀비라는 거잖아?"

유라의 귀여운 투정에 소희가 함빡 웃으며 말했다.

"유라야, 나도 너와 다를 바 없었어. 난 오래전에 돌아가신 아버지를 용서해 드리지 못하고 살아왔어. 하지만 새사람과 대화하면서부터 달라지려고 노력했고 아버지를 용서해 드릴 수 있게 됐어. 그랬더니 내 마음이 무척 편하고 자유로워지는 거야. 미움은 상대방을 얽어매는 동시에 그 줄로 나 자신도 얽어맨다는 걸 그때 알게 됐어."

그러자 유라가 눈을 크게 뜨며 말했다.

"왜 아버지를 용서해 드려야 했던 거니?"

"사실 내 흉통은 어렸을 적에 아버지께로부터

받은 스트레스 때문이래. 아버지는 군 복무 중에 입으셨던 총상으로 인해 '외상 후 스트레스 장애'에 시달리셨고 그런 아버지가 무서워서 그분을 피해 다녔던 나를 많이 구타하셨거든. 스트레스가 쌓이면서 훗날 신체화 증상으로 나타난 거라고 의사 선생님께서 말씀하셨어."

소희의 말을 듣고 난 유라가 갑자기 울먹였다.

"어머나 세상에? 소희야, 친아버지 맞으셔? 왜 어리디 어린 딸을 때리시는 거야?"

머리 긴 친구도 함께 눈물을 글썽이며 소희의 손목을 붙들었다.

"세상에? 내 마음도 너무 아파. 그래서 네게 통증이 생겼구나. 새사람에게 통증 없애는 방법은 물어봤니?"

"응, 물론이야. 그런데 새사람은 뜻밖의 말을 내게 해줬어. 아버지도 피해자시니까 원망하는 마음을 없애라고. 자기 연민도 하지 말라는 거였어. 새사람에게 위로받고 싶던 나였기에 그의 말이 매정하게 들렸지만 결국 그의 조언은 지혜로웠어. 원망하거나 자기 연민에 빠지면 과거의 공포감이 되살아나면서 통증을 돋운다는 걸 알게 됐거든."

머리 긴 친구가 소희를 측은히 여기며 말했다.

"휴, 상상하기조차 끔찍해. 소희야, 너 어떻게 그 힘든 시절을 버텨낼 수 있었던 거니?"

"어머니 때문이었어. 어머니는 나를 사랑하기 위해 태어나신 분 같았어. 아버지가 나를 향해 던지는 그릇 같은 걸 막아내느라 어머닌 자기 몸을 방패처럼 날리시곤 했지. 머리에 맞은 그릇이 깨지면서 어머니 머리에서 피가 흠뻑 흘러내리는 모습을 한두 번 본 게 아니었어. 누군가를 살리기 위해 대신 피 흘려주는 사랑이 그 어떤 사랑보다 크다는 걸 그때 깨달았어."

"그런 아버질 용서하다니? 나라면 너희 아버지 같은 분 도저히 용서 못 해!"

두 눈에서 눈물을 훔쳐내며 고함지르듯 유라가 외쳤다.

"물론 나도 아버지 같은 분, 용서 못 한다는 생각으로 살아왔었지. 하지만 새사람과 대화하면서 내 마음이 바뀐 거야. 아버지는 외상 위험도가 높은 일을 하셨기 때문에 병을 얻으셨던 거고, 거친 성격 또한 그 병에서 비롯된 거니까 용서해 드려야 한다는 게 새사람의 말이었어. 모든 걸 상대방 입장에 서서 생각한다면 용서할 수 있다는 말을 새사람이 해줘서 아버질 용서해 드릴 수 있었지.

스스로를 비하하는 습관이나 매사를 부정적으로 생각하는 습관은 아직도 내게 좀 남아있지만."

그러자 머리 긴 친구가 소희에게 물었다.

"소희야, 평소 갑자기 어두워지곤 하던 네 표정을 볼 때마다 의아하다고 생각했는데, 그늘진 네 표정 뒤엔 그런 아픔이 서려있었구나. 하지만 지금의 네 모습엔 전혀 그런 그늘이 보이지 않아. 새사람이 거두어 준 거겠지?"

"맞아, 사실이야. 새사람이 수없이 내게 해줬던 말, '헌 옷을 벗고 새 옷을 입으라'고 한 말이 새로운 나를 만들었다고 생각해. 미움과 분노에 갇혀서 병들어버린 나한테 허물을 수없이 벗으며 탈바꿈하라고 당부해 줬기 때문이야."

"그래도 난 용서하는 일, 자신 없어. 내키지 않는

용서는 더 그렇고, 마음 꾸미는 건 죄라는 생각도 들어."

여전히 같은 말을 반복하는 유라의 말을 들으며 소희가 말했다.

"아무 사람이나 용서해 주라고 한 건 아니야. 무지와 실수, 불가피해서 잘못한 걸 용서해 주라는 거였어. 상대를 불쌍히 여기거나 그의 입장에 서면 용서하기 쉬워진다는 말도 그가 해줬고."

그러자 유라가 다시 소리를 높이며 말했다.

"어휴, 내 말이 끝나기도 전에 사납게 날 반박해 버리는 못된 애들도 있고, 웃는 낯으로 얘기하다 갑자기 돌아서서 뒤통수치는 표리부동한 애들도 많단 말이야. 걔들, 절대 무지하지 않거든. 알 만큼 알고 있는 애들인데 왜 그런 애들까지 불쌍히 여기라는 거니? 새사람은 인간의 심성을 잘 파악하지 못하는 것 같다."

소희가 유라의 손을 다시 한번 잡아주며 말했다.

"유라야, 내 주변에도 그런 사람들 많아. 교양과 상식이 부족해서 자기가 뭘 잘못했는지도 모른 채 똑같은 잘못 반복하는 사람들 말이야. 그런 모습 자체가 불쌍하다는 거지. 그런 사람 하나둘씩 미워하다 보면 우리 주변에 남을 사람 하나도 없을 것 같더라고. 그들과 내가 미움 줄로 하나 돼 묶인다는 걸 깨달으면서 그 줄을 내려놓게 됐어. 남을 용서하면 나도 살고 그도 산다는 새사람의 말은 늘 내 마음에 용기를 불어넣었어."

"휴, 용서가 헤프면 그걸 악용하려고 드는 인간들도 있단 말이야. 기본 소양이 부족한 애들은 그냥 무시해버리는 것도 방법 아닐까?"

유라의 언성이 다시 올라가려고 하자 이번엔 머리 긴 친구가 두 사람의 대화에 끼어들었다.

"애들아, 내 경험이긴 한데 '살다'라는 말과 '사랑한다'라는 말은 서로 돕는 관계에 있는 것 같아. 누군가를 사랑하면 훨씬 더 열정적으로 살게 되고, 그 열정적인 삶으로 인해 자신도 풍부하고 윤택해지면서 누군가를 더 사랑하게 되는 것 같아. '사랑하면서 살면 살아있는 삶을 살게 되지만 미워하면서 살면 시체처럼 살게 된다'라는 새사람의 말, 오늘 너한테 들었던 어떤 말보다 내 가슴을 뒤흔들었단다!"

언성을 높이는 바람에 얼굴빛이 붉어져 있던 유라였지만 머리 긴 친구가 자신의 체험을 고백하면서 새사람의 말에 적극 공감하자 친구에게 동의를 표하며 자기의 솔직한 심정을 털어놨다.

"남을 미워하면서 살면 시체처럼 살 거라는 새사람의 말이 내겐 너무 큰 충격이었어. 미운 사람들 너무 많은데 용서할 생각 전혀 못 하는 나라서 두려웠고 열등감도 생기더라고."

소희는 유라의 혼란스러운 심정에 공감하듯이 그녀의 손등을 꼬옥 눌러줬다.

"얘들아, 새사람은 나한테 틈만 나면 말하곤 했어. 남과 나를 비교하지 말라고. 자기 존재의 유일함에 대한 긍지를 갖고 살라는 거야. 하지만 몸 아픈 기간이 오래되다 보니 쉽지 않았어. 건강한 사람들과 나를 자꾸 비교하는 내가 되는 거야. 그래서 우울해질 때도 많았고. 그러나 남과 나를 비교하지 말라는 새사람의 말을 곰곰 되새기면서 나만 할 수 있는 유일한 일이 무엇일까를 오랫동안 생각해 봤고, 결국 찾아냈어. 나처럼 절망을 겪는 사람들에게 다가가 그들을 위로해 주는 일이었어."

그러자 유라가 물었다.

"어머, 너 프리랜서 방송작가 한다고 했잖니?"

"응, 방송일 하는 틈틈이 그 일을 해."

그러자 유라가 말했다.

"남과 비교하지 말라는 말, 지금의 나에게 아주 절실하고 유익한 말 같아. 나도 우리 언니와 나를 비교할 때마다 열등감에 시달렸거든. 우리 언니 팔등신 미인인 거 알잖아? 공부도 나보다 훨씬 잘했고. 똑같은 엄마한테 태어난 딸인데 난 키도 작으니까 언니와 비교할 때마다 힘 빠지고 우울했어. 비교하지 말라는 새사람의 말, 좌우명 삼아야겠다."

유라의 말을 들은 소희는 비교하지 말라고 했던 새사람의 말에 대해 좀 더 구체적으로 들려줬다.

"새사람은 꽃 얘기를 자주 해줬어. 장미꽃엔 우리의 눈을 단번에 사로잡는 아름다움이 있지만 들국화와 제비꽃, 망초꽃은 가까이 들여다볼 때 비로소 그들의 아름다움과 개성을 발견할 수 있다는 거야. 그래도 꽃들은 서로 비교하는 일 없이 자기 유일성을 당당하게 드러내며 살지만 사람들은 외모나 업적을 비교하면서 행복감에 빠지거나 우울해한다는 거고. 정말 그렇지? 미인선발대회를 통해 미모에 등급까지 매기곤 하는 우리들이니까."

소희의 말이 계속됐다.

"산과 들, 꽃밭에 핀 꽃들을 볼 때마다 예쁘지 않은 꽃이 하나도 없다는 생각을 해. 새사람의 말대로 우리들도 이젠 자기 유일성에 대한 자긍심을 갖고 살아야 한다고 봐. 아, 참, 비교는 자기 자신과만 하는 거라고 새사람이 덧붙였어."

#6_ 날개 짓 83

"자기 자신과만 비교한다는 게 무슨 뜻이지?"

의아한 표정을 짓는 머리 긴 친구에게 소희가 설명했다.

"지난날의 나와 오늘의 나를 비교하며 살라는 거야. 남과 나를 비교하면 우월감과 우울감 사이에서 살게 되지만 내가 이뤄놓은 지난날의 성과와 현재의 성과를 비교하며 살면 항상 선한 강박감 속에서 성장할 수 있다는 거지."

소희가 잠시 침묵한 후 다시 말했다.

"감사하며 살라는 말을 무수히 해줬던 새사람에게 내가 어느 날 말했어. 난 감사거리가 하나도 없는 사람이라고. 그건 사실이었어. 그랬더니 그는 나에게 매사에 깊이 생각해 보는 습관이 없어서 그렇다는 거야. 생각을 많이 하게 되면 감사를 발견할 수 있다는 거지. 대부분 이룩해놓은 성과나 주어진 상황을 두고 감사하지만 그에서 한걸음 나아가 깊이 생각하는 습관을 가지면 더 많은 감사거리가 발견된다는 거야."

"깊이 생각해 볼 때 감사거리가 발견된다고?"

머리 긴 친구가 묻자 소희가 대답했다.

"응, 요즘 사람들은 음식을 먹을 때 감사하며 먹거나 음식물의 근원을 깊이 음미하면서 먹는 경우가 많지 않다고 해. 대부분 영양섭취를 위해 음식을 먹기 때문에 마치 물건 대하듯 무심코 음식을 먹고 삼킨다는 거지."

유라가 다시 올라간 목소리로 물었다.

"아니? 무심코 음식 먹는 게 왜 잘못이니?"

"잘못이라는 건 아니고, 음식은 우리 몸에 생명력을 공급해 주는 근원적인 생명체니까 일단 감사한 마음으로 먹자는 거고, 생명을 담고 있는 귀한 존재의 생명 현장을 음미하며 먹자는 거야."

이번엔 머리 긴 친구가 말했다.

"와, 멋진 말이긴 한데, 구체적으로 어떻게 먹으라는 거지?"

"예를 들어 사과를 먹을 때 '아, 사과구나!' 하며 무심코 먹는 건 생명체인 사과에 대한 예우가 아니라는 거야. 속살 깊은 곳에 씨앗을 품은 생명체가 바로 사과잖아. 사과에 배어든 태양에너지, 삼투압으로 빨아올린 물 에너지, 그리고 흙 속 영양소가 버무려지면서 한 알의 사과가 만들어진 거고, 그걸 키우신 분도 있으니까 그 모든 걸 음미하면서 사과를 먹으라는 거야. 그렇게 하면 사과의

생명 에너지가 더 몸속 깊이 스며들고 감사도 깊어진다는 거지!"

"헐, 뭐든 생각 없이 먹어치우는 나 같은 사람, 엄청 거리감 느끼게 만드네. 음식 먹으면서 이런저런 거 생각할 틈이 어디 있어? 빨리 먹어치우고 일해야겠다는 생각뿐인데. 내 목구멍도 음식물을 막 끄잡아 당기고."

유라의 익살스런 직설에 소희가 소리 내어 웃었다.

"물론 나도 전엔 그랬어. 그런데 새사람의 말을 듣고 나니까 음식 먹을 때마다 음식물 본래의 모습을 떠올리는 습관이 생겨난 거야. 미역국을 먹을 땐 바닷속에서 하늘거리며 출렁이던 미역 이파리를 떠올리고, 배추김치를 먹을 땐 녹색 장미처럼 엇물려 자라던 배추 잎의 아름다운 모양새를

연상하니까 훨씬 더 생명 에너지가 살아나는 것 같고 먹는 기쁨과 감사가 더해져."

"어머나, 요즘 입맛 없어서 밥 먹기 곤혹스러운데 잘 됐다! 내일부터 그렇게 밥 먹어야겠다. 애들아, 내가 영어 좀 한다는 티 한번 내 볼까? '생각하다'(think)라는 단어에서 '감사하다'(thank)라는 단어가 유래했다고 해. '생각을 깊게 하는 사람들이 그렇지 않은 사람보다 감사를 잘 할 수 있다'라고 한 새사람의 말은 think와 thank의 어원적인 관계를 꿰뚫고 있는 것 같아 너무 놀라워."

머리 긴 친구의 어학적인 전문성에 소희와 유라가 함께 놀랬다.

"우와, 오늘 정말 특별한 날이다! 단어 think에서 thank가 나왔다는 거 오늘 처음 알았어. 영어전문가로부터 귀한 정보 듣고 나니 기분이 너무 좋다. 무엇보다 새사람의 말뜻을 이해하는 데 큰 도움을 주니까 더 고맙고."

소희의 말을 듣고 난 머리 긴 친구가 갑자기 생각났다는 듯이 소희에게 물었다.

"소희야, 아까 네가 해줬던 말 중에서 새사람과 대화하기 전엔 거울을 꼭 닦아줘야 한다는 말이 있었는데, 왜 꼭 거울을 닦아주라는 거지?"

"응, 이 거울은 때가 자주 끼는 거울이라서 그래. 새사람의 말을 의심할 때도 때가 끼고, 근심 걱정에 빠져도 때가 껴. 특히 심하게 화를 내면 거울 표면에 짙은 때가 끼는 거야. 때가 끼면 새사람과 대화할 수 없게 되거든."

소희의 말을 듣고 난 머리 긴 친구가 고개를 갸우뚱거리며 물었다.

"거울에 때가 끼면 새사람의 말을 잘 알아들을 수 없어서 대화가 안 된다는 거니? 아니면 새사람이 너한테 말을 걸어오지 않는다는 뜻이니?"

"둘 다야! 거울에 때가 끼면 내 귀가 둔해지면서 새사람의 말을 알아듣지 못하는 일이 생겨. 그럴 때 새사람도 침묵하면서 내가 거울 닦을 때까지 기다리고 있고."

"어머나, 깨끗한 마음을 가질 때만 대화가 가능하다는 얘기구나!"

"맞아, 정말이야! 거울을 깨끗이 닦아 둔 날엔 새사람과의 대화도 매끄럽게 진행되고 마음도 무척 상쾌해. 무슨 일을 하든지 일이 잘 풀리고 실수가 없어. 일의 효율도 매우 높아지는 걸 여러 차례 경험했어. 나뭇가지에 착지하는 새들에게 실수가 생겨나지 않는 건 새들의 마음이 깨끗해서 그렇데."

"어머나, 참 재미있는 말이구나! 그런데 거울 닦는 일이 그렇게도 중요한데 왜 거울을 닦지 않고 사는 걸까?"

머리 긴 친구의 물음에 소희가 대답했다.

"너무 바쁘고 피곤해서 그렇데. 그렇게 되면 거울 닦는 일을 게을리하거나 잊어버린다는 거지. 그런 일이 반복되면 거울 닦고 싶은 의욕도 사라지고 대화 욕구도 함께 사라진다는 거고."

세 친구의 대화가 무르익는 동안 어느덧 해 질 무렵이 되어갔다. 머리 긴 친구가 시계를 바라보았다. 그동안 단발머리 친구가 두어 차례 머리 긴 친구에게 눈짓을 해왔지만, 새사람에 대한 호기심에 빠져버린 그녀는 친구의 눈짓을 알아차리지 못했다.

그때 갑자기 소희가 찡그리며 위쪽 가슴을 쓰다듬었다. 그런 소희를 보며 유라가 깜짝 놀라 물었다.

"소희야, 지금 너 가슴통증 온 거니? 오늘 네가 말을 너무 많이 한 건가?"

"응, 좀 아프긴 한데 이 정돈 별 거 아냐! 오랫동안 흉통을 앓다 보니 통증이 조금만 와도 손이 가슴 위쪽으로 올라간단다. 그래도 이젠 내가 감당할 만큼의 흉통만 오는 거야."

소희가 친구들을 안심시키자 유라가 물었다.

"새사람 만난 후로 흉통이 줄어든 거니?"

"맞아! 사실이야!"

"소희야, 네 통증이 줄고 있는 것, 진심으로 축하해! 오늘 네가 새사람의 말을 감동 있게 들려준 것도 정말 고마웠어. 살아가는 데 필요한 지혜와 철학을 듬뿍 담고 있는 말들이라 엄청 유익하고 기뻤단다. 몸도 안 좋은 네가 일일이 기억을 더듬어가며 들려줘서 더 고마웠고. 이제 새사람과 대화해 볼 생각이야."

진정성 넘치는 머리 긴 친구의 말을 들으며 소희의 마음이 무척 훈훈해졌다.

그때 세 친구들과 조금 떨어진 곳에서 책을 읽고 있던 단발머리 친구가 길게 하품을 하며 기지개를 켠 후 대뜸 머리 긴 친구에게 다가왔다. 그러자 머리 긴 친구는 벌떡 일어나서 소희 어머니를 찾아뵙고 인사드린 후 단발머리 친구와 함께 소희 집을 빠져나갔다.

#7
날아오르기

친구들이 떠나가고 홀로 남은 유라가 의자를 당기며 소희 맞은편에 와 앉았다.

"소희야, 오늘 너희 집에 놀러 온 건 네 거울에 대한 호기심 때문이었어. 그런데 뜻밖에 들은 새 사람의 말 때문에 엄청 도전받았단다. 물론 받아들이기 힘든 말도 있어서 반발도 있었지만 모르고 있던 것들을 참 많이 깨달았어. 사실 처음 털어놓는 말인데, 난, 일 년 전에 실연한 후로 지금까지 무척 힘들게 지내고 있어. 결혼을 전제로 일 년 넘게 사귀어온 남친을 엄마한테 소개해 드리자 성격 화끈하신 우리 엄마가 그 남친 집안에 대해 꼬치꼬치 물어보시는 바람에 사고가 터진 거야. 엄마 말씀으론, 결혼은 내 인생의 중대사이고 경제력 또한 중요한 거라서 남친 아버지 직업과 신혼집 마련에 대해 묻지 않을 수 없으셨다는 거야. 가정 형편이 빠듯했던 그는 어머니가 병환 중인 데다 재정 문제로 쪼들리던 중이어서 더 심한 갈등을

겪었던가 봐. 우리 집 부유한 게 부담이라며 어느 날 갑자기 헤어지자는 통보를 한 후에 그냥 헤어지고 말았어."

두 눈에서 눈물을 훔쳐내는 유라를 보며 소희가 말했다.

"요즘 부잣집 처가를 원하는 남자들이 많다던데 그 친구 참 보기 드문 사람이구나. 너희 집이 부유하니까 그 부유함의 여유로 널 더 사랑해 줄 수도 있었을 텐데, 그 점이 좀 아쉽긴 하다."

"그 친구는 자존심이 별나게 강한 사람이었어. 소희야, 그런 일 겪고 나니까 이젠 사람 만나는 것도 두렵고 내가 좋아하던 그림 그리는 일조차 싫어졌어."

"유라야, 네 마음 참 아팠겠다. 난 그간 내 통증

문제에 빠져 있어서 누구에게도 마음 쓸 여유가 없었어. 너와도 깊은 대화 한번 못 해서 미안하고. 그런데 유라야, 이건 어디까지나 내 생각이지만, 너 그 친구랑 결혼했더라면 힘든 일 무척 많았을 것 같아. 완벽하신 네 엄마의 성격과 그 친구의 열등의식이 부딪힐 때마다 처신이 난처했을 것 같아. 비록 지금은 우울하겠지만 터널 속을 빠져나가는 중이라 생각하며 잘 견디기 바래!"

진심으로 위로해 주는 친구의 두 손을 맞잡으며 유라가 말했다.

"소희야, 결혼이라는 게 나 혼자만의 의지로 되는 게 아니라는 걸 처음 알았어. 무슨 목적으로 이렇게 무겁고 무서운 세상 살아내야 하는지에 대한 회의도 요즘 커졌고. 팔십 넘으신 노인 부부가 정겹게 걸어가시는 걸 보면 그 자체로 기적 같이 여겨지고 존경스러워. 이십 대인 내가 이렇게 비실

거리고 있는데 온갖 고초 겪으시며 팔십 년 넘는 세월을 어떻게 견디셨을까 해서 그래."

마음속에 있는 말들을 모두 꺼내놓은 후 유라는 소희 옆으로 가까이 다가앉았다.

"자살도 여러 번 생각해 봤어."

한동안 앞만 바라보고 앉아있던 소희가 식은 커피를 바닥까지 들이키며 말했다.

"유라야, 네게 꼭 해주고 싶은 말이 있어!"

"그게 뭔데?"

"네 슬픔에서 자맥질하지 말고 그 위로 떠오르고 날아오르기 바래! 네 어두운 마음에서 눈을 떼 새 만남을 상상하며 밝은 곳으로 날아오르라는 거

야! 슬픔이나 어둠 속엔 독이 있거든."

"슬픔이 바위처럼 짓누르는데, 어떻게 떠오르고 날아오르라는 거니?"

"너 혼자의 힘으로 하라는 건 아니야. 유라야! 사랑하던 남친과 헤어지긴 했지만 한 사람을 사랑했던 너의 진실과 헤어진 건 아니잖니? 그 진실한 씨앗을 네 마음 깊숙이 심어두기 바래. 시간 가면 반드시 싹 트고 꽃 핀 후에 열매도 맺을 거야. 그 날을 기다려! 농부가 첫 열매를 따주는 건 다음 열매가 탄탄해지라고 하는 거래."

진실한 우정으로 자기를 다독여주는 소희로 인해 슬픔에 흐느적이던 유라의 눈빛이 평온을 되찾고 있었다.

"아, 소희야, 네가 뭘 말하는 건지 이제 잘 알겠

어! 정말, 정말 고마워. 새사람과 대화하면서 더 이상 내 슬픔에 빠져 허우적이지 말고 떠오르고 날아오르라는 거지. 사랑을 처음 해본 나라서 너무 무지하고 미숙했더랬어. 벌컥 화를 내며 헤어졌던 일, 생각하면 할수록 낯 뜨거워져. 소희야, 새사람과 대화하려면 어떻게 해야 하니?"

"유라야, 나와 함께 내일 의사선생님 만나러 가자."

소희를 덥석 끌어안은 유라의 두 팔을 영롱한 햇살이 비춰주고 있었다.

유혜목 우화

말 건네는 거울

초판 발행일 2022년 10월 25일

지은이 유혜목
펴낸이 임만호
펴낸곳 창조문예사
등 록 제16-2770호(2002. 7. 23)
주 소 서울 강남구 선릉로112길 36(삼성동) 창조빌딩 3F (우 : 06097)
전 화 02) 544-3468~9
F A X 02) 511-3920
E-mail holybooks@naver.com

ISBN 979-11-91797-21-3 03810
정 가 10,000원

* 잘못된 책은 바꾸어 드립니다.